# Impressum

**Titel:** **Von Schulanfang bis Abschiedsfeier**
Schöne Theaterstücke mit wenig Aufwand

**Autorinnen:** Astrid Grabe, Andrea Mucha

**Illustrationen:** Gisela Bongardt

**Druck:** Druckerei Uwe Nolte, Iserlohn

**Verlag:** Verlag an der Ruhr
Alexanderstraße 54 – 45472 Mülheim an der Ruhr
Postfach 10 22 51 – 45422 Mülheim an der Ruhr
Tel.: 0208/439 54 50 – Fax: 0208/439 54 239
E-Mail: info@verlagruhr.de
www.verlagruhr.de


**ISBN 978-3-8346-0248-0**

**geeignet für die Klasse** 1 2 3 4 5

Ein weiterer Beitrag zum Umweltschutz:

*Das Papier, auf das dieser Titel gedruckt ist, hat ca.* ***50% Altpapieranteil,*** *der Rest sind* ***chlorfrei*** *gebleichte Primärfasern.*

Die Schreibweise der Texte folgt der neuesten Fassung der Rechtschreibregeln – gültig ab August 2006.

# Inhaltsverzeichnis

## Liebe Kolleginnen und Kollegen,

im Schulalltag gibt es zahlreiche Anlässe, zu denen Theaterstücke aufgeführt werden. Leider ist die unterrichtspraktische Umsetzung nicht immer so einfach und artet zudem sehr schnell zu echtem Stress aus, denn häufig sind unterhaltsame und aufwändige Stücke nur schwer zu realisieren:
Oft sind nur wenige Kinder an dem Schauspiel beteiligt und die anderen beginnen, sich schnell zu langweilen. Einen langen Text lernen zu müssen, führt bei den Kindern ziemlich schnell zu Frustration. Aus Lehrersicht kommt natürlich noch der Zeitfaktor ins Spiel, denn meistens werden Theaterstücke zu besonderen Anlässen doch recht kurzfristig benötigt. Zudem bleibt neben dem alltäglichen Unterricht gar nicht mehr so viel Freiraum, um ein aufwändiges Bühnenbild oder Kostüme herzustellen.

## Zum Aufbau des Materials

In dieser Mappe finden sich insgesamt 12[2] kleine Theaterstücke oder Sketche, die verschiedenen Anlässen zugeordnet sind. Zudem sind diese auch nach Altersstufen unterteilt. Jedem Stück sind eine kurze Zusammenfassung und Hinweise zur Durchführung vorangestellt, sodass ein schneller Überblick ermöglicht wird.

Bei der Arbeit mit diesem Material wünschen wir Ihnen und Ihrer Klasse viel Spaß!

## Worum geht es in dieser Mappe?

Szenisches Spielen und auch der Auftritt vor Publikum macht den meisten Kindern sehr viel Spaß.
Je einfacher diese umzusetzen sind, desto leichter lassen sie sich in den Unterricht integrieren, ohne dass sich die Arbeit daran zu Stress entwickelt.
In dieser Arbeitsmappe haben wir uns darum bemüht, kleine Theaterstücke zusammenzustellen, die mit sehr wenig Aufwand trotzdem einen großen Effekt erzielen können und möglichst viele Kinder einbeziehen. Je nach Anlass und Altersstufe findet sich hier eine kleine Sammlung von Theaterstücken oder Sketchen, die sich relativ leicht, dafür aber mit viel Humor umsetzen lassen. Die von uns ausgewählten Stücke lassen sich in der Regel problemlos erweitern oder auch verkürzen. Häufig kann bei dem Text auch improvisiert werden, sodass ein zwanghaftes Auswendiglernen gar nicht notwendig ist. Einige Theaterstücke nehmen die auch bei den Kindern bekannten Talkshows, Quizsendungen, Castings etc. ein wenig aufs Korn: Der Moderator[1] kann in diesem Fall bei seinem Text ein wenig tricksen, denn hier sind Karteikarten natürlich erlaubt!

Bei all den Stücken sind Ihrer Fantasie und der der Kinder bei der Gestaltung keine Grenzen gesetzt, sodass je nach Zeit und Wunsch auch aufwändiger gearbeitet werden kann.

[1] Der Einfachheit halber wird bei den Theater-Rollenbezeichnungen (Schüler, Lehrer etc.) durchgängig die männliche Form verwendet. Natürlich können diese auch durch Schülerinnen, Lehrerinnen etc. ersetzt werden.

[2] Sie möchten noch ein zusätzliches Theaterstück zum Thema Halloween ausprobieren? Dann mailen Sie uns an bestellung@verlagruhr.de und wir schicken es Ihnen als PDF zu. Mit Lachmuskel-Traningsgarantie! (Dieses Zusatzangebot gilt nur in Verbindung mit dem Kauf dieser Materialien und einer gültigen Kundennummer.)

# Achtung: Einschulung! (1/4)

## Darum geht es:

Wieder einmal ist es so weit: der Tag der Einschulung – und natürlich sind alle schrecklich aufgeregt! Alle, bis auf die „großen“ Schüler, denn die haben das schon hinter sich und sind bereits „alte Hasen“ in der Schule. Daher beobachten sie die große Feier vom Schulhof durch ein Fenster, wobei sie sich natürlich über das, was sie sehen, lustig machen. Aber: Das Ziel des Spotts sind nicht die Schulanfänger (wie bestimmt auch die Zuschauer anfangs glauben), sondern die Eltern der I-Männchen, für die dieser besondere Tag mit mindestens genau so viel Aufregung verbunden ist!

## Bühnenbild:

Für das Bühnenbild wird lediglich ein großes Fenster benötigt, das im vorderen Teil der Bühne aufgehängt wird. Dieses Fenster lässt sich sehr schnell und einfach aus Pappe herstellen. Alternativ kann man auch zwei Bettlaken aneinandernähen, bemalen und ein großes Fenster hineinschneiden.
Je nach Schul- und Klassensituation kann man das Stück entweder so gestalten, dass sich das Publikum der Einschulungsfeier direkt angesprochen fühlt (dann das Fenster frontal zum Publikum aufhängen) oder dass man den Eindruck hat, es handele sich um eine andere Feier (dann das Fenster eher schräg aufhängen).

## Kostüme:

Die Schüler tragen ganz alltägliche Schulausstattung (Tornister, Sportbeutel ...), der Lehrer eine typische Lehrerverkleidung (Brille, Anzug bzw. Rock ...).

# Achtung: Einschulung!

**Darsteller:**

Schüler 1 ______________________

Schüler 2 ______________________

Schüler 3 ______________________

Schüler 4 ______________________

Schüler 5 ______________________

Schüler 6 ______________________

Schüler 7 ______________________

Schüler 8 ______________________

Schüler 9 ______________________

Lehrer ______________________

**Das wird benötigt:**

- [ ] 1 großes Papp- oder Stoff-Fenster
- [ ] festes Band zum Aufhängen des Fensters
- [ ] Anzug/ Bluse und Rock (Lehrerverkleidung)
- [ ] Tornister, Turnbeutel etc. (Schülerverkleidung)

# Achtung: Einschulung!

(3/4)

*Auf dem Schulhof, ein Schüler schaut neugierig durch das Pappfenster.*

**Schüler 2:** He, sag mal, was machst du denn da?

**Schüler 1:** Psst! Da drinnen ist doch gerade die Einschulungsfeier! Ich will mir mal die Neuen angucken *(schüttelt den Kopf)*. Oh Mann, es ist doch immer wieder das Gleiche mit denen!

**Schüler 2:** *(drängt sich daneben)* Guck mal, die da vorne! Die fängt doch gleich an, zu heulen!

*Schüler 3 und 4 kommen über den Schulhof.*

**Schüler 3:** Läuft dort gerade die Einschulungsfeier?

**Schüler 4:** Wie ist es denn so?

**Schüler 1 u. 2:** Das Übliche!!!

**Schüler 3:** Na, dann wird es lustig!
Guck mal, wie niedlich die aussehen!

**Schüler 4:** … und machen sich vor Angst fast in die Hose!

*Schüler 5, 6 und 7 kommen über den Schulhof.*

**Schüler 1:** He, kommt mal rüber, das dürft ihr nicht verpassen!

**Schüler 5:** *(freut sich)* Super, lasst uns auch mal schauen!

**Schüler 6:** Guck mal, der da in der hinteren Reihe – was winkt der denn die ganze Zeit?
Sieht ein bisschen verrückt aus!

**Schüler 7:** Ich glaube, das sind sie auch – an diesem Tag drehen sie alle ein wenig durch!

**Schüler 2:** Stimmt, das sieht man bei der da auch:
Die strahlt wie ein Honigkuchenpferd!

**Schüler 1:** *(übertrieben)* Klar, die sind ja soo stolz!
Es ist ja ein ganz neuer Lebensabschnitt …

# Achtung: Einschulung!

*Alle seufzen und verdrehen die Augen.*
*Schüler 8 kommt dazu.*

**Schüler 8:** Und, ist es wieder so richtig peinlich?
**Schüler 4:** Na klar! Da guckt mal: Die da vorne klammern sich aneinander fest und drücken sich!
**Alle:** Wie peinlich!!!

*Schüler 9 kommt dazu.*

**Schüler 9:** Das Blitzlichtgewitter sieht man ja schon von da hinten. Sind das etwa Superstars?
**Alle:** Wie peinlich!

*Ein Lehrer kommt über den Schulhof …*

**Lehrer:** Sagt mal, was ist denn hier los? Ihr solltet euch schämen, euch über die Kleinen lustig zu machen! Denkt mal daran, wie das für euch war, als ihr neu an diese Schule gekommen seid.
Der erste Schultag ist für jedes Kind ein besonderer und ganz aufregender Tag …

*Alle Schüler gucken sich fragend an …*

**Schüler 1:** Wer redet denn hier von den Kindern? Wir meinen natürlich die Eltern!

# Wer wird Superschüler?

## Darum geht es:

Wieder einmal ist es soweit: Die Verabschiedung der Viertklässler rückt näher. Es stellt sich nun die Frage nach dem, was in den 4 Jahren Grundschulzeit alles an Wissen „hängen geblieben“ ist. Der Quizmaster Felix Schlaufuchs und seine vier Showgirls sind auf der Suche nach dem „Superschüler“. Dieses Vorhaben erscheint jedoch schwieriger als gedacht.

Die ausgewählten Kandidaten nehmen manche Fragen allzu wörtlich und müssen schnell erkennen, dass der Weg zu einem Superschüler noch weit ist. Wie im richtigen Leben lösen sich manche Fragen durch pure Zufälle. So wird zum Schluss nicht der zum „Superschüler“ gekürt, der über das größte Wissen verfügt, sondern der mit der größten Portion Glück …

## Bühnenbild:

Ein Bühnenbild ist nicht nötig. Die jeweils 2 Kandidaten sitzen auf 2 Stühlen an einem Tisch dem Quizmaster gegenüber. Ein PC-Monitor lässt sich leicht aus einem mittelgroßen Schuhkarton herstellen. Die Tastatur nimmt man von einem echten PC. Außerdem befinden sich auf dem Tisch ein Wecker, 2 eingepackte Schulbrote sowie 2 Getränke. Die restlichen Kandidaten sitzen im Publikum und wechseln mit den ausscheidenden Teilnehmern die Plätze. Die Showgirls stehen nebeneinander in Warteposition in der Nähe des Kandidatentisches. Zudem werden noch große Pappschilder mit den Antwortmöglichkeiten zu den Fragen benötigt.

## Kostüme:

Der Quizmaster sollte einen Anzug mit Krawatte o. Ä. tragen, die Showgirls könnten kurze Röcke mit einem Top tragen. Im Gesicht etwas Glitter auftragen oder Herzen auf die Wangen malen etc. Die Kandidaten tragen ganz normale Kleidung oder setzen lässig ein Käppi auf und tragen tief sitzende Hosen.

# Wer wird Superschüler?

(2/6)

**Darsteller:**

Felix Schlaufuchs (Quizmaster) ______________________

Showgirl 1 ______________________

Showgirl 2 ______________________

Showgirl 3 ______________________

Showgirl 4 ______________________

Kandidat 1 (Lisa) ______________________

Kandidat 2 (Paul) ______________________

Kandidat 1 ______________________

Kandidat 2 ______________________

Kandidat 3 ______________________

Kandidat 4 ______________________

Kandidat 5 ______________________

Kandidat 6 ______________________

Kandidat 7 ______________________

Kandidat 8 ______________________

## Das wird benötigt:

- ☐ 1 Tisch
- ☐ 3 Stühle
- ☐ 1 PC-Monitor (z.B. aus Schuhkarton)
- ☐ 1 PC-Tastatur
- ☐ 1 Wecker
- ☐ 2 Schulbrote
- ☐ 1 Urkunde
- ☐ 2 Getränke
- ☐ 12 große Pappschilder mit Beschriftungen*
- ☐ Anzug, Krawatte (Kostüm Quizmaster)
- ☐ lässige Kleidung (Kostüme Kandidaten)
- ☐ Röcke, Tops, Glitzerschminke (Kostüme Showgirls)

**Zeit:** 8–10 Minuten

* eine Karte für jedes Wort; beidseitig beschriften:

- ☐ Baumschule, Fahrschule, Grundschule, Tanzschule,
- ☐ sitzen, stehen, liegen, für immer zu Hause,
- ☐ Gutschein, Zeugnis, Belohnung, Quittung,
- ☐ pauken, trompeten, geigen, flöten,
- ☐ verhauen, verprügeln, vermöbeln, versemmeln,
- ☐ Werbepause, Frühstückspause, Schnarchpause, Redepause

# Wer wird Superschüler?

*Der Quizmaster kommt ins „Studio", begrüßt die Zuschauer und bittet die ersten beiden Teilnehmer (sitzen im Publikum) an das Fragepult. Sie nehmen gegenüber dem Quizmaster Platz.*

**Quizmaster:** Herzlich willkommen, Lisa und Paul. Auf geht's zur Abschlussprüfung. Ich hoffe, ihr seid gut vorbereitet. Fangen wir erstmal ganz einfach an. Hier die erste Frage:

Wie nennt man die erste Schule, die ein Schüler besucht?

**A:** Baumschule  **B:** Fahrschule
**C:** Grundschule  **D:** Tanzschule

*Showgirls 1, 2, 3, 4 gehen währenddessen nacheinander mit den 4 möglichen Antwortschildern vor dem Publikum her.*

**Kandidat 1:** Tanzschule auf gar keinen Fall. Aber auf dem Schulhof standen viele Bäume. Also kann es die Baumschule sein.

**Kandidat 2:** *(fällt ihm ins Wort)* C schließe ich auch aus. Grundschule? Hm, gibt es einen Grund, die Schule zu besuchen???

**Kandidaten 1/2:** *(verkünden erleichtert gemeinsam)* Ah, wir sind doch jeden Tag gemeinsam mit dem Bus gefahren. Also ganz klar: Fahrschule!

**Quizmaster:** *(leicht verwundert)* Nach vier Jahren **gründ**licher Ausbildung an dieser Schule entscheidet ihr euch für die Fahrschule?

**Kandidaten 1/2:** *(geben ihre gewählte Antwort ein)* Wir sind ganz sicher! *(strahlen sich an)*

**Quizmaster:** Schauen wir uns die Lösung an.

*Showgirl 1 geht hüpfend mit dem richtigen Antwortschild (C: Grundschule) vor dem Publikum her.*

**Quizmaster:** Nun! Eins ist sicher. Dass ihr nicht mehr dabei seid! *(bittet zwei neue Kandidaten zu sich; die ersten beiden Kandidaten verlassen niedergeschlagen das Studio)* Vielleicht habt ihr beiden mehr Glück. Kommen wir zur nächsten Frage: Welche vier Wörter benutzt ein Schüler am häufigsten?

**Kandidat 3:** *(ratlos)* Das weiß ich nicht.

**Quizmaster:** *(sichtlich erleichtert)* Richtig! Sensationell! Du brauchtest nicht einmal die Auswahlantworten. Schnell zur nächsten Frage.

# Wer wird Superschüler?

(4/6)

Wenn man ein Schuljahr wiederholen muss, bleibt man:
**A:** sitzen  **B:** stehen
**C:** liegen  **D:** für immer zu Hause

*Showgirls 1, 2, 3, 4 gehen wieder nacheinander mit den 4 möglichen Antwortschildern vor dem Publikum her.*

**Kandidat 4:** Damit hatten viele Probleme. Aber ich bin immer auf meinem Platz sitzen geblieben.

**Quizmaster:** *(ganz aus dem Häuschen)* Hervorragend! Wenn das so weitergeht, stell ich euch bald die Abschlussfrage. Doch zunächst: Wie heißt die beste Note, die man in der Schule bekommen kann?

**Kandidat 3:** So eine Note habe ich nie bekommen. Diese Frage ist wirklich **sehr gut**.

**Quizmaster:** Richtig!!! *(die Kandidaten wirken leicht verwirrt)* Nächste Frage. Das läuft bei euch ja wie am Fließband.

Am Ende des Schuljahres bekommt man:
**A:** Gutschein  **B:** Zeugnis
**C:** Belohnung  **D:** Quittung

*Showgirls 1, 2, 3, 4 gehen wieder nacheinander mit den 4 möglichen Antwortschildern vor dem Publikum her.*

**Kandidat 4:** Mein Vater hat nach jedem Schuljahr zu mir gesagt: „Jetzt hast du die Quittung für deine Faulheit." Ganz klar: D: Quittung ist die richtige Antwort!

**Kandidat 3:** Wir sind ganz sicher.

**Quizmaster:** Sehen wir uns einmal die Lösung an.

*Ein Showgirl geht hüpfend mit dem richtigen Antwortschild (B: Zeugnis) vor dem Publikum her.*

Es fing so gut an mit euch. Aber Faulheit führt selten zum Ziel.

*Kandidaten verlassen heftig diskutierend das Studio. Zwei neue Kandidaten nehmen Platz.*

**Quizmaster:** Wollen wir hoffen, dass ihr mehr Glück habt.

# Wer wird Superschüler?

Nennt mir ein anderes Wort für „lernen“:

**A:** pauken **B:** trompeten
**C:** geigen **D:** flöten

*Showgirls 1, 2, 3, 4 gehen wieder nacheinander mit den 4 möglichen Antwortschildern vor dem Publikum her.*

**Kandidat 5:** Da bin ich mir ganz sicher. Meine Mutter sagte immer zu mir: „Wenn du nicht übst, werde ich dir die Flötentöne beibringen.“ Also Antwort: D.

**Kandidat 6:** Da kann ich dir nur zustimmen. Die habe ich früher auch oft zu hören bekommen.

*Ein Showgirl geht hüpfend mit dem richtigen Antwortschild (A: pauken) vor dem Publikum her.*

**Quizmaster:** Tut mir leid. Auch ihr müsst nun das Studio verlassen.

*Zwei neue Kandidaten nehmen Platz.*

Meine Fragen scheinen etwas zu schwierig zu sein. Versuchen wir es mal mit dieser Frage:

Eine Arbeit kann man:

**A:** verhauen **B:** verprügeln
**C:** vermöbeln **D:** verletzen

*Showgirls 1, 2, 3, 4 gehen wieder nacheinander mit den 4 möglichen Antwortschildern vor dem Publikum her.*

**Kandidat 7:** *(wendet sich ganz aufgebracht zu Kandidat 8)* Warum hast du mich nur überredet, hier mitzumachen? Ich wusste doch, dass ich die Frage verhauen werde.

**Quizmaster:** Super! *(wirkt sichtlich erleichtert)*

*Ein Showgirl geht hüpfend mit dem richtigen Antwortschild (A: verhauen) vor dem Publikum her. Die beiden Kandidaten schauen sich erstaunt an.*

# Wer wird Superschüler?

**Quizmaster:** Nun zur letzten, alles entscheidenden Frage:

*Ein Showgirl macht einen Trommelwirbel.*

Welche Pause gibt es in der Schule:
**A:** Werbepause **B:** Frühstückspause
**C:** Schnarchpause **D:** Redepause

*(sieht die Kandidaten erwartungsvoll an)*

*Showgirls 1, 2, 3, 4 gehen wieder nacheinander mit den 4 möglichen Antwortschildern vor dem Publikum her.*

**Kandidaten 7/8:** *(Wecker klingelt)* Tut uns leid. Kurze Unterbrechung. Aber es ist 9.30 Uhr. Frühstückspause! *(packen in aller Ruhe ihre Schulbrote aus, beißen ab und trinken einen Schluck aus ihren Flaschen)*

**Quizmaster:** *(hüpft vor Freude, und ein Showgirl geht hüpfend mit dem richtigen Antwortschild vor dem Publikum her)* Genial! Herzlichen Glückwunsch. Starke Nerven muss man haben. Ihr habt heute bewiesen, dass ihr in den letzten vier Jahren wirklich zum „Superschüler" geworden seid. *(überreicht beiden freudestrahlend die Urkunde)*

# Die Froschschule

## Darum geht es:

Die kleinen Frösche haben ihren ersten Unterricht am Froschteich. Das Thema des Tages lautet: Der Storch ist der Feind. Nun bringt der Lehrer den Schülern alles bei, um sich vor dem Storch zu schützen: Froschschenkeltraining, ein bisschen Mathematik und Musik stehen auf dem Stundenplan. In einem guten Team halten natürlich alle zusammen, und daher ist der wichtigste Lernstoff, die anderen bei Gefahr vor dem Storch zu warnen. Die Schüler haben gut aufgepasst und verhalten sich genau richtig, der Lehrer jedoch … Nur gut, dass auch einem Storch keine Lehrer schmecken!

## Kostüme:

Die Kostüme können sehr einfach gehalten werden: Alle Frösche tragen entweder grüne oder braune Kleidung.
Ein lustiges Accessoire sind zusätzlich Schwimmflossen (vorher sollten die Kinder ein paar Gehübungen damit machen!).
Für die Frösche können zusätzlich Stirnreifen aus grüner Pappe hergestellt werden, auf deren Vorderseite große Froschaugen geklebt werden. Der Storch kleidet sich in Weiß und erhält einen langen Schnabel aus roter Pappe.

## Bühnenbild:

Im Grunde ist kein Bühnenbild erforderlich, ggf. können vielleicht Seerosenblätter aus Pappe ausgeschnitten werden. Zusätzlich wird eine Schultafel (oder eine Stellwand) benötigt, auf die ein Storch gemalt ist. Die kleinen Frösche setzen sich im Halbkreis mit den Gesichtern zum Publikum.

# Die Froschschule

(2/5)

**Darsteller:**

Lehrerfrosch ____________________

Storch ____________________

Frosch 1 ____________________

Frosch 2 ____________________

Frosch 3 ____________________

Frosch 4 ____________________

Frosch 5 ____________________

Frosch 6 ____________________

**Zeit:**
5–7 Minuten

**Das wird benötigt:**

- ☐ 1 Schultafel oder Stellwand mit einer Storch-Zeichnung
- ☐ 1 Zeigestock
- ☐ grüne Kleidung, Schwimmflossen, Stirnreifen mit Froschaugen (Kostüm Frösche)
- ☐ weiße Kleidung, Schnabel aus roter Pappe (Kostüm Storch)

© Verlag an der Ruhr | Postfach 10 22 51 | 45422 Mülheim an der Ruhr | www.verlagruhr.de | ISBN 978-3-8346-0248-0

# Die Froschschule

(3/5)

*Die kleinen Frösche sitzen am Teich und erwarten ihren Lehrer. Der Lehrer betritt die Bühne und begrüßt die Schüler.*

**Lehrer:** Willkommen in der Froschschule: Guten Morgen!
**Frösche:** Guten Morgen!

*Der Lehrer zeigt auf das Bild vom Storch.*

**Lehrer:** Dieses Tier ist für uns Frösche sehr gefährlich – wie heißt es?
**Frösche:** Storch!
**Lehrer:** Ganz genau! Vor dem Storch müsst ihr flüchten, und das mache ich jetzt einmal vor … *(macht einen Hechtsprung in den Teich).*
**Lehrer:** Es kann passieren, dass sich ein Storch ganz heimlich von hinten anschleicht *(schleicht sich an Frosch 1 an).*
**Frosch 1:** Sie machen mir Angst!
**Lehrer:** Aber Fröschchen, wir üben doch jetzt extra – und dann kann dir gar nichts passieren!
Also, wenn sich der Storch anschleicht *(alle Frösche zittern),* brauchen wir starke Froschschenkel, damit wir flüchten können!

*Alle Frösche machen gemeinsam Gymnastik.*

**Lehrer:** Und nun machen wir ein bisschen Mathematik: An einem Teich sitzen 5 Frösche. Plötzlich kommt der Storch und schnappt sich zwei …
**Frosch 2:** *(etwas ängstlich)* Das ist eine blöde Aufgabe!
**Frosch 3:** *(weint)* Ich will zu meiner Mama!
**Lehrer:** Also gut, eine andere Aufgabe! Ein Storch kann an einem Tag 4 Frösche verspeisen. Wie viele Frösche frisst er in einer Woche?

# Die Froschschule

**Frosch 4:** Aber das ist ja furchtbar!
**Frosch 5:** *(hält sich die Ohren zu)* Ich kriege heute Nacht Albträume …
**Lehrer:** Oh, okay … machen wir lieber etwas Musik: „Es klappern die Störche.“

*Alle singen gemeinsam (Melodie: Es klappert die Mühle): Es klappern die Störche bei uns hier am Bach – klipp klapp, klipp klapp – wir stell'n ihm ein Bein und dann liegt er flach …*

**Frosch 1:** Das macht Spaß!
**Lehrer:** Wundervoll und jetzt: Alle meine Frösche..

*Alle singen gemeinsam (Melodie: Alle meine Entchen): Alle meine Frösche schwimmen hier im See, schwimmen hier im See, und wenn dann der Storch kommt, dann beißen wir in seinen Zeh!*

**Lehrer:** Und jetzt lernt ihr das Wichtigste: Sobald du einen Storch siehst, musst du ganz laut rufen: Der Storch kommt!!!! Fröschli, probier es mal!
**Frosch 6:** *(sehr schüchtern)* Der Storch kommt?
**Lehrer:** Nein, viel lauter!
**Frosch 2:** Der Storch koooommt.
*(ganz leise)*

*Die Frösche probieren es noch ein paar Mal und werden immer wieder vom Lehrer verbessert. In der Zeit kommt von hinten ganz langsam der Storch (aus dem Publikum). Der Lehrer kann ihn nicht sehen – die kleinen Frösche aber schon …*

# Die Froschschule

**Frosch 3:** D-D-D-D-er St-St-St-orch
**Lehrer:** Aber doch nicht so – klar und deutlich bitte!
**Frosch 4:** Aber, aber …
**Lehrer:** Nun sprich doch in ganzen Sätzen!
**Frosch 5:** Der Storch kommt!!! *(sehr aufgebracht)*
**Lehrer:** Schon ganz gut – man hört die Angst in deiner Stimme …

*An dieser Stelle beliebig ausdehnen. Der Storch kommt immer näher, und der Lehrer verbessert jedes Mal. Plötzlich rufen alle Frösche ganz laut und zusammen: DER STORCH KOMMT! und zeigen in die Richtung. Nun erst wird der Lehrer aufmerksam, dreht sich um und sieht hinter sich den Storch.*

**Lehrer:** *(seufzt)* Der Storch kommt! *(fällt in Ohnmacht)*

*Die kleinen Frösche hüpfen alle davon.*
*Der Storch wirft noch einen Blick auf den Lehrer, zuckt die Schultern.*

**Storch:** Bäh, wer mag schon Lehrer – die sind doch sowieso viel zu zäh!

*Der Storch stakst gelangweilt von der Bühne.*

# Not at school! (1/4)

## Darum geht es:

In diesem englischen Stück geht es um den Themenbereich „Schule“: Ein Lehrer betritt das Klassenzimmer und will mit dem Unterricht beginnen. Leider wird er durch die Schüler gestört, die sich natürlich viel lieber mit anderen Dingen beschäftigen. Der Lehrer nimmt das natürlich nicht hin und erinnert die Kinder immer wieder daran, dass ein solches Verhalten in der Schule nicht erlaubt ist. Während die Kinder nun nur noch Bücher vor sich haben, ist der Lehrer mit diesen unnützen Dingen beladen – genau in diesem Moment kommt der Schulleiter herein. Nun scheint er den Lehrer daran erinnern zu müssen, dass diese Dinge nichts im Unterricht zu suchen haben …

Durch die ständige Wiederholung des gleichen Satzmusters und eine anschauliche Darstellung sind zum Verstehen des Stücks keinerlei Englischkenntnisse nötig!

## Bühnenbild:

Dieses Stück spielt in einem Klassenzimmer: Die Bühne dementsprechend gestalten. Als Requisiten werden Dinge benötigt, die in der Schule eigentlich nicht erwünscht sind (kann beliebig ergänzt oder gekürzt werden)

*Beispiele:* Comics, CDs, MP3-Player, Colaflasche, Teddy, Zeitung …

## Kostüme:

Der Lehrer und der Direktor tragen typische Lehrerkleidung. Ansonsten werden keine speziellen Kostüme benötigt.

# Not at school!

**Darsteller:**

Mr. oder Mrs. Adams (Lehrer) ______________________

Principal Snyder (Direktor) ______________________

Sprecher ______________________

Schüler 1 ______________________

Schüler 2 ______________________

Schüler 3 ______________________

Schüler 4 ______________________

weitere Schüler ______________________

______________________

______________________

**Zeit:**
7–10 Minuten

**Das wird benötigt:**

- ☐ Comics, CDs, MP3-Player, Colaflasche, Teddy, Zeitung …
- ☐ 2 Anzüge (Kostüm Direktor/ Lehrer)
- ☐ Schultische und -stühle
- ☐ 1 Pult

© Verlag an der Ruhr | Postfach 10 22 51 | 45422 Mülheim an der Ruhr | www.verlagruhr.de | ISBN 978-3-8346-0248-0

# Not at school! (3/4)

*Sprecher tritt vor die Zuschauer und gibt eine kurze Information.*

**Sprecher:** Wahrscheinlich ist es egal, in welchem Land man zur Schule geht – eine Sache ist sicher überall die gleiche: Für die Schüler gibt es viele interessante Dinge … außer dem Unterricht! Dem Lehrer Mr. Adams gefällt das natürlich nicht. Und deswegen heißt es immer wieder *(mit dem Zeigefinger drohen)*: Not at school!
Was wohl der Schulleiter Principal Snyder davon hält?

*Die Schüler sitzen mehr oder weniger ruhig an ihren Plätzen. Mr. Adams betritt den Klassenraum.*

**Mr. Adams:** Good morning, boys and girls!
**Schüler:** Good morning, Mr. Adams!
**Mr. Adams:** Okay, let's start! *(sieht zu einem Schüler, der aus einer Flasche Cola trinkt) (empört)* What`s this?
**Schüler 1:** Oh, it's a coke!
**Mr. Adams:** *(droht mit dem Zeigefinger, schüttelt den Kopf)* No coke at school! *(nimmt dem Schüler die Colaflasche weg, holt aus der Schultasche des Schülers ein Buch und drückt es dem Schüler in die Hand)* You need books at school!

*Mr. Adams blickt zum nächsten Schüler …*

**Mr. Adams:** *(empört)* What's this?
**Schüler 2:** Oh, it's a comic!
**Mr. Adams:** *(droht mit dem Zeigefinger, schüttelt den Kopf)*
No comics at school! *(nimmt dem Schüler das Comicheft weg, holt aus der Schultasche des Schülers ein Buch und drückt es dem Schüler in die Hand)* You need books at school!

*Mr. Adams sieht den nächsten Schüler – die Reaktionen bleiben nun jeweils dieselben.*

**Mr. Adams:** What's this?
**Schüler 3:** Oh, it's a teddy bear.
**Mr. Adams:** No teddy bears at school! You need books at school!

# Not at school!

**Mr Adams:** What's this?
**Schüler 4:** It's a newspaper!
**Mr. Adams:** No newspapers at school!
You need books at school!

*Dieses Gespräch kann nun beliebig erweitert werden.*
*Beispiele: mobile phone, mp3-player, game, discman*

*Der Lehrer hat nun immer mehr Dinge in der Hand. Letztlich haben alle Schüler (ganz vorbildlich) nur noch Bücher vor sich liegen. Der Lehrer ist gerade auf dem Weg zum Pult, um die Gegenstände wegzulegen, da betritt der Schulleiter „Principal Snyder" den Klassenraum. Freundlich und sehr wohlwollend schaut er die Schüler an.*

**Principal:** Good morning, boys and girls!
**Schüler:** Good morning, Principal Snyder!
**Principal:** Good morning, *(guckt sich suchend um, erblickt dann den voll beladenen Mr. Adams)* MR. ADAMS!!!!!
**Mr. Adams:** *(lächelt entschuldigend)* Good morning, Principal Snyder!
**Principal:** What's this? *(zeigt auf die Cola)*
**Mr. Adams:** Oh, it's a coke, but …
**Principal:** … and?
**Mr. Adams:** It´s a …

*Den Dialog so lange fortsetzen, bis alle Gegenstände noch einmal benannt sind – der Direktor wird immer empörter und der Lehrer immer kleinlauter. Letztlich beginnt der Schulleiter, dem Lehrer die Dinge wegzunehmen und auf das Pult zu legen. Dabei droht nun er immer wieder mit dem Finger und schüttelt den Kopf.*

**Principal:** No coke at school!
No … at school!
…
*(der Direktor holt nun Bücher aus der Tasche des Lehrers und drückt sie ihm in die Hand)*
YOU NEED BOOKS AT SCHOOL!!!!

*Wütend verlässt er die Klasse, der Lehrer setzt sich tief seufzend auf seinen Stuhl.*

# Ein seltsames Treffen

(1/5)

## Darum geht es:

Verschiedene Obst- und Gemüsesorten finden sich plötzlich an einem seltsamen Ort wieder. Natürlich fragen sich alle, was sie hier zu suchen haben, denn nach einer Küche sieht das Ganze nicht aus! Es ist auch keine Kürbisausstellung, sodass der dicke Kürbis leider nicht seinen ersten Preis gewinnen kann. Langsam kommt eine trübselige Stimmung auf, denn alle haben den Verdacht, dass sie wohl hier einfach verfaulen sollen. Das stinkt natürlich allen ganz gewaltig – und tatsächlich taucht in diesem Moment die stinkende und gut gelaunte Knoblauchzehe auf. Sie erinnert die anderen an den Grund für das Zusammentreffen: Das Erntedankfest. Gemeinsam stellen sie fest: Es gibt keinen besseren Grund, zusammen zu sein als diesen!

## Kostüme:

Die Kinder sollten entsprechend den Farben des Obstes oder Gemüses angezogen sein. Zusätzlich können Pappschilder von dem Obst oder Gemüse gemalt werden, die den Kindern mit einer Sicherheitsnadel angeheftet werden. Der dicke Kürbis sollte noch mit Kissen ausgestopft werden.

## Bühnenbild:

Als Treffpunkt für das Obst und Gemüse lassen sich eine lange Bank oder auch mehrere Schultische einsetzen. Diese sollte mit einem Tuch bzw. einer Tischdecke gedeckt werden.

© Verlag an der Ruhr | Postfach 10 22 51 | 45422 Mülheim an der Ruhr | www.verlagruhr.de | ISBN 978-3-8346-0248-0

# Ein seltsames Treffen

**Darsteller:**

| | |
|---|---|
| dicker Kürbis ______ | Pflaume ______ |
| Kartoffel ______ | Zwiebel ______ |
| Banane ______ | Knoblauchzehe ______ |
| Apfel ______ | Kind 1 ______ |
| Birne ______ | Kind 2 ______ |

**Zeit:**
5–10 Minuten

**Das wird benötigt:**

- ☐ 1 lange Bank oder mehrere Schultische; abgedeckt mit einer weißen Tischdecke
- ☐ Pappschilder mit den Obst- und Gemüsesorten
- ☐ Kissen zum Ausstopfen des Kürbisses

# Ein seltsames Treffen

(3/5)

*Obst und Gemüse sitzt schlafend auf der Bank. Nun wacht der dicke Kürbis auf. Er gähnt ausgiebig, streckt sich … und wirft alle anderen hinunter.*

**Kürbis:** *(schaut sich müde um)* Huch, wo bin ich denn hier gelandet … mit so viel jungem Gemüse?
Der Apfel rappelt sich vom Boden auf und reibt sich den Rücken.

**Apfel:** … und Obst, du dicker Tölpel! *(setzt sich wieder dazu)*

*Die Kartoffel und die Banane tauchen nun ebenfalls auf.*

**Kartoffel:** Spinnst du, mir so auf die Pelle zu rücken???

**Banane:** Ich hab mich extra in Schale geschmissen, und nun hab ich schon die erste Druckstelle!

*Die beiden setzen sich nun ebenfalls wieder hin.*

**Kürbis:** *(gähnt)* Nun stellt euch mal nicht so an, ihr zarten Pflänzchen! *(schaut hinter sich)* Na, da haben wir ja noch so ein Früchtchen.

*Die Pflaume steht nun auf.*

**Pflaume:** Nach dem Sturz nicht mehr: Ich bin fast schon Mus! Mach mal Platz, Dicker! *(quetscht sich neben den Kürbis auf die Bank)*

**Birne:** *(wütend)* Es ist eine Unverschämtheit, gerade MIR eins auf die Birne zu hauen!

**Kürbis:** Ach was, ihr müsst euch eben eine härtere Schale zulegen – jetzt sind wir ja alle wach!

# Ein seltsames Treffen

(4/5)

*Im Hintergrund ist nun ein lautes Schnarchen zu hören.*

**Pflaume:** *(blickt sich um)* Na ja, nicht alle: Die Zwiebel liegt immer noch auf der faulen Haut.

**Apfel:** Vielleicht hat sie eine Idee, wo wir hier sind!

*Die Zwiebel wird geweckt und erschreckt sich.*

**Zwiebel:** Huch, Hilfe! Bin ich etwa schon in der Suppe?

**Birne:** Ach, du Heulsuse, guck dich doch um! Nach Küche sieht das hier doch nicht aus!

*Alle schauen sich um, ihnen wird nun klar, dass sie keine Ahnung haben, wo sie sind und warum. Alle schweigen einen Moment ratlos.*

**Apfel, Pflaume und Birne:** Sollen wir etwa nur als Fallobst enden?

**Banane:** Habe ich meine weite Reise denn ganz umsonst gemacht?

**Kartoffel:** Und wofür habe ich mein gemütliches Kellerquartier verlassen?

**Kürbis:** Habe ich etwa ganz umsonst auf den ersten Platz bei der Kürbisausstellung verzichtet?

*Alle schweigen wieder schlecht gelaunt.*

**Pflaume:** Wisst ihr was? Mir stinkt das alles ganz gewaltig!

*Eine kurze Pause … dann beginnen alle zu schnüffeln.*

# Ein seltsames Treffen

(5/5)

**Kürbis:** Ja, du hast Recht … das stimmt wirklich!

*In diesem Moment tragen zwei Kinder die Knoblauchzehe herein. Diese winkt den anderen ganz aufgeregt.*

**Knoblauch:** *(ruft von Weitem)* Jetzt geht's los! Jetzt geht's los …

*Die Kinder laden die Knoblauchzehe vor den anderen ab und verlassen die Bühne. Die Knoblauchzehe hüpft freudig auf und ab.*

**Birne:** *(genervt)* Na toll, hier ist doch eh schon dicke Luft! *(hält sich die Nase zu)*

*Die Knoblauchzehe bemerkt nichts von der schlechten Stimmung und beginnt, alle anderen herzlich zu umarmen.*

**Knoblauch:** Danke, dass ich hier bei euch sein darf – bei diesem wunderschönen … ERNTEDANKFEST!

*Alle fassen sich an die Stirn!*

**Kartoffel:** Danke, dass du gekommen bist und uns die Augen geöffnet hast. Komm ruhig in unsere Mitte. *(Knoblauch setzt sich dazu)*

**Kürbis:** Es gibt doch keinen besseren Grund, hier zu sein, als das Erntedankfest!

# Zeitgeist! (1/5)

## Darum geht es:

Die Zeiten ändern sich – auch für Gruselgestalten! Vorbei sind die Tage des Aberglaubens und die Zeiten, in denen sich Kinder so einfach erschrecken ließen. Und deswegen heißt es auch für Geisterwesen, sich an den Lauf der Zeit anzupassen.

Sie alle treffen sich auf Grund einer Stellenanzeige und besprechen nun die Vorteile dieses viel versprechenden Jobs. Schließlich kommt ihr neuer Arbeitgeber auf die Bühne und begrüßt die gruseligen Gestalten an ihrer neuen Arbeitsstelle: Einer Geisterbahn!

### Bühnenbild:

Es wird kein besonderes Bühnenbild benötigt. Jeder Mitspieler benötigt eine Zeitung und ggf. einen Koffer.

### Kostüme:

Verschiedene Halloween- oder Karnevalskostüme.

# Zeitgeist!

## Darsteller:

| | | | |
|---|---|---|---|
| Hexe 1 | ______ | Skelett | ______ |
| Hexe 2 | ______ | Graf Dracula | ______ |
| Gespenst 1 | ______ | Chef | ______ |
| Gespenst 2 | ______ | Kind 1 | ______ |
| Monster | ______ | Kind 2 | ______ |

**Zeit:** 5–10 Minuten

### Das wird benötigt:

- ☐ 7 Zeitungen
- ☐ 7 Halloween- oder Karnevalskostüme: Hexe (2), Gespenst (2), Monster, Skelett, Graf Dracula

# Zeitgeist! (3/5)

*Hexe 1 betritt die Bühne mit einer Zeitung unter den Arm geklemmt. Sie stellt sich vor die Zuschauer und schlägt die Zeitung auf.*

**Hexe 1:** Ah ja! Hier scheint es zu sein. Ich bin schon wirklich gespannt!

*Hexe 2 kommt auch auf die Bühne mit einem Koffer in der Hand.*

**Hexe 2:** Oh, Walpurga! Du bist auch hier? Na, das ist ja ein Zufall!

**Hexe 1:** Ach, auf dem Blocksberg langweile ich mich zu Tode. Nur ein einziges Mal im Jahr ist dort etwas los: In der Walpurgisnacht! Und was ist mit dir, Gruselda?

**Hexe 2:** Na, mein Knusperhäuschen liegt so weit abseits – selbst Hänsel und Gretel lassen sich nicht mehr blicken! Da hat eine Hexe ja gar nichts mehr zu tun!

*Das Monster kommt Zeitung lesend auf die Bühne.*

**Monster:** … gruselige Spannung und Unterhaltung jeden Tag! *(blickt auf)* Toll, dann bin ich hier genau richtig! Oh, guten Tag die Damen. Sind Sie auch wegen der Stellenanzeige hier?

**Hexe 2:** Ganz genau! Es scheint eine spannende Herausforderung zu sein!

**Monster:** Das habe ich mir auch gedacht: Halloween und Karneval sind die einzigen Tage, an denen ich mich draußen blicken lassen kann – einem echten Monster reicht das auf Dauer nicht!

**Hexe 1:** Wie gut kann ich das verstehen: Man wird gar nicht mehr richtig gefordert heutzutage: Keine Heilzauber mehr – die Leute gehen lieber zum Arzt, keine Liebeszauber mehr – da gehen die Leute lieber ins Internet …

*Das Skelett betritt die Bühne.*

**Skelett:** Und die Friedhöfe erst! Wie ausgestorben! Überall stehen nur noch diese staubigen Urnen herum! Und wie ich hier lese *(schaut in die Zeitung)*: Jeden Tag reiner Gruselspaß …

*Die zwei Gespenster betreten die Bühne.*

**Gespenst 1:** *(liest ebenfalls in der Zeitung)* … für Typen, die gerne Umgang mit vielen Menschen haben!

**Gespenst 2:** Für uns sind diese Zeiten auch vorbei: Niemand wohnt heute noch auf einer Burg. In diese kleinen Wohnungen passen ja nicht mal unsere Holztruhen!

**Gespenst 1:** Es gibt kein schummriges Kerzenlicht mehr! Immer diese grellen Glühbirnen – da macht das Spuken doch keinen Spaß mehr!

**Hexe 1:** Und hier steht ja auch: Ein Arbeitsplatz in schauriger Dunkelheit!

**Gespenst 2:** *(liest wieder)* Sie verursachen Gänsehaut und Albträume – gibt es eine bessere Bezahlung?

*Alle schütteln den Kopf.*

**Gespenst 1:** *(blickt zum Bühnenrand)* Oh, ist das etwa …?

**Hexe 2:** Kann das wirklich sein?

**Hexe 1:** Das ist ja eine unglaubliche Ehre!

**Monster:** Herr Graf, das Sie auch hier sind …

*Graf Dracula schreitet hoheitsvoll auf die Bühne, hält dabei einen Koffer in der Hand.*

**Graf Dracula:** *(einen Handkuss für die beiden Hexen)* Meine Damen! *(blickt die anderen an)* Meine Herren! Lange Zeit habe ich mich zurückgezogen …

**Gespenst 2:** Wir haben davon gehört: Sie hatten großen Ärger mit diesem Vampirjäger! Wir haben schon das Schlimmste befürchtet.

**Dracula:** Nun, ich habe einfach mehrere hundert Jahre in meinem Sarg geschlafen! Als ich in meinem geliebten Transsylvanien erwachte, stellte ich fest: Es gibt gar kein Transsylvanien mehr!!! Die Menschen fahren jetzt mit Blechkutschen …

**Gespenst 1:** Also haben auch Sie die Stellenanzeige gelesen?

**Dracula:** In der Tat! *(liest vor)* Reisefreudige Typen gesucht mit Spaß an neuen Herausforderungen! Ich nehme jedoch an, dass hier beißen und knabbern verboten ist – ein kleiner Nachteil, wie ich zugeben muss!

**Hexe 1:** Aber dafür haben Sie die Möglichkeit, die Welt von heute wieder kennenzulernen …

**Hexe 2:** Oh, da vorne kommt unser Chef!

# Zeitgeist! (5/5)

*Der Chef betritt die Bühne.*

**Chef:** Meine lieben geisterhaften Mitarbeiter, ich freue mich, Sie alle hier an Ihrem neuen Arbeitsplatz begrüßen zu dürfen. Wenn Sie sich nun an Ihre Plätze begeben würden! Die ersten Besucher sind da!

*Alle stellen sich auf und bilden dabei eine Gasse. Die zwei Kinder gehen ängstlich durch diese Gasse. Jedes Gruselwesen macht im richtigen Moment eine schaurige Bewegung bzw. ein Geräusch – ähnlich wie in einer Geisterbahn.*

**Junge:** Mensch, das war aber wirklich unheimlich!

**Mädchen:** Das war mit Abstand die beste Geisterbahn, die ich je erlebt habe!

© Verlag an der Ruhr | Postfach 10 22 51 | 45422 Mülheim an der Ruhr | www.verlagruhr.de | ISBN 978-3-8346-0248-0

# Kleiner, großer Stern

(1/5)

**Darum geht es:**

Ein kleiner Stern erhält den besonderen Auftrag, oben am Himmel über dem Stall von Bethlehem zu leuchten. Er hat Zweifel an seiner Aufgabe, trifft jedoch auf seinem Weg verschiedene Himmelsbewohner/ Himmelskörper, die ihn dazu ermutigen, sein Ziel zu erreichen. Schritt für Schritt kommt er diesem näher, bis er schließlich am vorgesehenen Platz am Himmel angekommen ist. Symbolisiert wird dieser Weg durch das Aufsteigen auf eine Leiter.

**Bühnenbild:**

Der Handlungsort ist in diesem Fall der Himmel und kann entsprechend kreativ ausgestaltet werden. Wichtig ist aber auf jeden Fall eine Trittleiter, auf die der kleine Stern steigen kann. Zum Schluss sollte der Stern mit einer Taschenlampe oder einem Scheinwerfer angestrahlt werden.

**Kostüme:**

Die Himmelskörper können groß aus Pappe ausgeschnitten werden und mit Sicherheitsnadeln vor der Brust befestigt werden. Die Flügel und den Schnabel für den Vogel einfach aus Pappe ausschneiden und mit Gummibändern befestigen.

# Kleiner, großer Stern

(2/5)

**Darsteller:**

1–2 Vögel ______________________

1–2 Wolken ______________________

1–2 Sternschnuppen ______________________

Stimme aus dem Hintergrund ______________________

kleiner Stern ______________________

Mond ______________________

Sonne ______________________

**Zeit:**
ca. 10 Minuten

**Das wird benötigt:**

- [ ] 1 Trittleiter
- [ ] 1 Taschenlampe oder Scheinwerfer
- [ ] Pappschild „Stern“
- [ ] Pappschild „Wolke“
- [ ] Pappschild „Sternschnuppe“
- [ ] Pappschild „Mond“
- [ ] Pappschild „Sonne“
- [ ] Pappschnabel, Pappflügel

© Verlag an der Ruhr | Postfach 10 22 51 | 45422 Mülheim an der Ruhr | www.verlagruhr.de | ISBN 978-3-8346-0248-0

# Kleiner, großer Stern

*Nur der kleine Stern steht oder sitzt auf der Bühne.*

**Stimme:** Kleiner Stern, es beginnt nun eine besondere Zeit: Ein Kind wird geboren, das die ganze Welt verändern wird. Für dieses Kind sollst du dort oben am Himmel leuchten, damit es von allen, die suchen, gefunden wird!

**Stern:** *(ängstlich)* Das ist eine große Aufgabe für einen kleinen Stern wie mich! *(geht langsam zur Leiter und bleibt unten stehen)*

*Der Vogel kommt dazu.*

**Vogel:** Kleiner Stern, warum leuchtest du noch nicht dort oben?

**Stern:** Vielleicht bin ich einfach zu klein!

**Vogel:** Auch Kleine können große Dinge tun, so wie das Kind, das dort geboren wird. Auch das Kind ist zuerst noch klein, aber es wird Großes leisten!

**Stern:** *(entschlossen, steigt auf die erste Stufe)* Dann glaube ich auch daran, dass ich groß genug bin!

*Der Vogel verlässt die Bühne, die Wolke tritt auf.*

**Wolke:** Kleiner Stern, warum leuchtest du noch nicht dort oben?

**Stern:** Vielleicht bin ich einfach nur ein einfacher Stern!

**Wolke:** Jeder ist etwas Besonderes, so wie das Kind, das dort geboren wird. Es ist auch nur ein einfacher Mensch. Und trotzdem wird er für die Welt etwas Besonderes sein!

**Stern:** *(zweite Stufe)* Dann glaube ich auch daran, dass ich etwas Besonderes sein kann!

# Kleiner, großer Stern

*Die Wolke geht, und die Sternschnuppe kommt auf die Bühne.*

**Sternschnuppe:** Kleiner Stern, warum leuchtest du noch nicht dort oben?

**Stern:** Vielleicht bin ich einfach zu ängstlich!

**Sternschnuppe:** Sei mutig, so wie das Kind, das dort geboren wird. Auch das Kind wird Angst vor seiner Aufgabe haben – und trotzdem wird es sie erfüllen!

**Stern:** *(dritte Stufe)* Dann glaube ich auch daran, dass ich mutig sein kann!

*Die Sternschnuppe geht, und der Mond tritt auf.*

**Mond:** Kleiner Stern, warum leuchtest du noch nicht dort oben?

**Stern:** Vielleicht bin ich einfach zu schwach!

**Mond:** Jeder kann stark sein, so wie das Kind, das dort geboren wird. Auch das Kind ist zuerst nur ein hilfloses Kind! Aber es wird so stark sein, dass es der ganzen Welt Hoffnung gibt!

**Stern:** *(vierte Stufe)* Dann glaube ich auch daran, dass ich stark genug sein kann!

*Der Mond geht, und die Sonne tritt auf.*

**Sonne:** Kleiner Stern, warum leuchtest du noch nicht dort oben?

**Stern:** Vielleicht ist der Weg bis ans Ziel einfach zu lang für mich!

**Sonne:** Du musst an dein Ziel glauben, so wie das kleine Kind, das dort geboren wird. Für das Kind wird es auch ein langer Weg sein – aber es wird sein Ziel erreichen!

# Kleiner, großer Stern



**Stern:** *(letzte Stufe)* Dann glaube ich auch daran, dass ich mein Ziel erreichen kann!

*Stern entweder mit Taschenlampe oder Scheinwerfer anleuchten. Sonne verlässt die Bühne.*

**Stimme:** Kleiner Stern, du leuchtest ganz wundervoll – das hast du gut gemacht!

**Stern:** Ich habe viel gelernt von dem Kind, das dort geboren wird: Niemand ist zu klein, sondern etwas ganz Besonderes. Jeder kann stark und mutig sein. Man muss einfach nur ganz fest daran glauben!

**Stimme:** Du bist wirklich ein großer Stern geworden, kleiner Stern!

# Stern von Bethlehem oder Bethlehem sucht den Superstar

## Darum geht es:

Bei einem (ziemlich fantastischen) Casting wird ein passender Stern für die Rolle des Sterns von Bethlehem gesucht. Viele verschiedene Sterne bewerben sich um die Rolle und preisen beim Casting ihre Vorzüge an. Das Ganze endet schließlich in einem großen Tumult, in den alle Sterne (bis auf den einen, normalen Stern), Regisseur, Assistent und Kameramann verwickelt sind. Der ganz normale Stern bringt alle wieder zur Vernunft, indem er daran erinnert, worum es eigentlich bei der Weihnachtsgeschichte geht.

## Kostüme:

Für die Kostüme sollten die einzelnen Sterne aus Pappe ausgeschnitten werden (die Venus bekommt z. B. einen goldenen Stern mit viel Glitzer). Diese lassen sich nun einfach mit einer Sicherheitsnadel an der Kleidung vor der Brust der Kinder befestigen.
Ggf. können sich die Kinder noch mit passenden Accessoires schmücken.

**Beispiele:**
Seestern: Blaue Mülltüte (Halsausschnitt ausschneiden) mit Krepp-Papier als Algen behängen, vorne einen großen Seestern aufkleben.
Der Sheriffstern kann ein Cowboykostüm tragen.

## Bühnenbild:

Mehrere Stühle mit der Vorderseite zum Publikum in einer Reihe aufstellen, seitlich zwei Stühle für den Regisseur und den Assistenten. Der Kameramann benötigt eine Kamera (aus einem Schuhkarton herstellen, eine Toilettenrolle vorne ankleben). Der Sheriffstern braucht eine Spielzeugpistole mit Knallplättchen.

# Stern von Bethlehem oder Bethlehem sucht den Superstar

**Darsteller:**

Regisseur ________________

Assistent ________________

Kameramann ________________

normaler Stern ________________

Sheriffstern ________________

Mercedesstern ________________

Sternschnuppe ________________

Seestern ________________

Weihnachtsstern (Pflanze) ________________

Zimtstern ________________

Abendstern (Venus) ________________

## Das wird benötigt:

- ☐ Pappsterne zum Anheften (Kostüme Sterne):
  - ◯ normaler Stern
  - ◯ Sheriffstern
  - ◯ Mercedesstern
  - ◯ Sternschnuppe
  - ◯ Seestern
  - ◯ Weihnachtsstern
  - ◯ Abendstern
  - ◯ Zimtstern
- ☐ 1 Kamera (z.B. aus einem Schuhkarton)
- ☐ 1 Spielzeugpistole mit Knallplättchen
- ☐ 10 Stühle

**Zeit:** 8–10 Minuten

# Stern von Bethlehem oder Bethlehem sucht den Superstar

*Die Sterne sitzen auf den Stühlen im Halbkreis und blicken dabei in Richtung Publikum. Jeder Stern, der etwas zu sagen hat, steht auf und tritt vor die Zuschauer.*

**Regisseur:** Okay, ihr Sterne – ihr wisst, worum es heute geht: Wir suchen eine Hauptrolle: den Stern von Bethlehem. Ich gehe davon aus, dass die Story allen hier bekannt ist?

**Sterne:** (*Zustimmendes Gemurmel.*)

**Regisseur:** Gut, dann wollen wir mal sehen, was ihr so drauf habt. *(zum Kameramann)* Und du schneidest alles mit, damit wir sehen, wie die Sterne so rüberkommen …

**Kameramann:** Alles klar, Chef! Stern 1, die Erste:

**Regisseur:** Also, du bist …

**Seestern:** Ein Seestern!

**Regisseur:** Und warum, glaubst du, bist du besonders geeignet für diese Rolle?

**Seestern:** Na ja, immer im Meer herumzuplanschen, ist doch langweilig, … und ein bisschen am Himmel zu leuchten kann ja auch nicht soo viel anders sein. Will mal was Neues ausprobieren …

**Regisseur:** Aha – sehr überzeugend!!! Der Nächste bitte!

**Kameramann:** Okay, Chef: Stern 1, die Zweite!

**Regisseur:** Als Nächstes kommt …

**Zimtstern:** Oh, ich bin ein Zimtstern! *(schmatzt und reibt sich den Bauch)*

**Regisseur:** Aha! Und warum bewirbst du dich für diese Rolle?

**Zimtstern:** Ist doch klar: Ich gehöre nun einmal zu Weihnachten. Außerdem bin ich einfach köstlich. Gibt es etwas Besseres als Zimtsterne zu Weihnachten? Ich selbst kriege nie genug von mir!

**Regisseur:** Oh, ich habe erst einmal genug – danke! *(zum Assistenten)* Irgendwie spinnen die doch, oder?

**Assistent:** Machen wir einfach weiter …

**Regisseur:** Stern 1, die Dritte!

**Sternschnuppe:** *(total gelangweilt)* Bin 'ne Sternschnuppe!

**Regisseur:** Und?

**Sternschnuppe:** Na, nix und …

**Regisseur:** Und warum bist du hier?

**Sternschnuppe:** Warum nich'?

**Regisseur:** Nun, ich glaube nicht, dass du die Richtige bist für die Rolle!

**Sternschnuppe:** Na und? Ist mir doch schnuppe!

**Mercedesstern:** Gestatten, Mercedesstern … und nein, fragen Sie nicht! Es liegt doch auf der Hand: Ich bin der pure Luxus, kostbar, unbezahlbar! Ein strahlender Held!

# Stern von Bethlehem oder Bethlehem sucht den Superstar

**Sheriffstern:** Strahlender Held? Du? Pah! Der Held bin ja wohl eindeutig ich! Als Sheriffstern sorge ich für Recht und Ordnung am Himmel, … und falls diese 3 Weisen nicht richtig auf mich achten, dann … *(schießt in die Luft, alle werfen sich vor Schreck auf den Boden)*

**Regisseur:** STOPP! Sofort aufhören! Setzen!
*(zum Assistenten)* Ich glaube, ich bin hier im Irrenhaus …
Wie sollen wir bloß einen passenden Stern für eine so besondere Rolle finden?

**Assistent:** Wir sollten einfach weitermachen: Ein paar haben wir noch!

**Regisseur:** *(winkt genervt)* Okay, also weiter mit …

**Weihnachtsstern:** Weihnachtsstern, und wie mein Name schon sagt, bin ICH genau richtig für diese Rolle: Ich bin frisch, blühe wunderschön …

**Venus:** Wunderschön? Ha, das soll ja wohl ein Witz sein!

**Weihnachtsstern:** He, wer bist du denn?

**Venus:** Sagen Sie bloß, Sie haben mich nicht erkannt??? Na ja, ich verzeihe Ihnen ausnahmsweise! Ich bin der Abendstern, auch Venus genannt – nach der römischen Göttin für Schönheit! Sehen Sie mich an: Ich bin nicht nur die Berühmteste hier, sondern natürlich auch der schönste Stern …

**Sheriffstern:** Eingebildete Pute – die würde ich gleich verhaften!

**Venus:** Aber ich muss doch sehr bitten! Sie sind ja nur neidisch!

*An dieser Stelle sollten sich alle Sterne einmischen und anfangen, miteinander zu streiten; ein wenig improvisieren …
Ein Tumult bricht unter den Sternen aus … Regisseur und Assistent mischen sich ein … Plötzlich erhebt sich der normale Stern.*

**Stern:** RUHE!!!! Was soll das denn nur alles hier? Wir sind hier doch nicht bei einer neuen Folge von „Krieg der Sterne"! Es geht nicht um Schönheit *(zur Venus)* und nicht um Gewalt *(zum Sheriffstern)*. Auch nicht um Luxus *(zum Mercedesstern)*, Leckereien *(zum Zimtstern)* oder um Langeweile *(zum Seestern)* … Es geht um ein Kind, das geboren wird; um ein Zeichen für den Frieden!

*Alle Sterne gucken ganz verlegen, Assistent und Regisseur staunen mit offenem Mund.*

**Regisseur:** *(zu Kameramann)* Hast du das drauf? Ich glaube, wir haben den richtigen Stern gefunden!

# Karneval bei den Tieren!

(1/4)

## Darum geht es:

Ein langweiliger Tag bei den Tieren? So sieht es zunächst aus, doch plötzlich kommen die Tiere auf die verrückte Idee, bestimmte Teile ihres Körpers auszutauschen, und so entsteht nach und nach eine lustige Verkleidungsparty bei den Tieren: Die Tiere feiern Karneval!

## Kostüme:

Die Kinder sollten am besten Kleidung tragen, die den Farben der Tiere entspricht. Wichtig in diesem Stück sind natürlich die einzelnen Körperteile, die vertauscht werden. Diese sind aber leicht herzustellen:

**Elefant:** Große Ohren aus Pappe an einem Stirnreifen aus Pappe befestigen, für den Rüssel einen Stoffschlauch (oder Ärmel) an einem Gummiband befestigen.

**Maus:** Große Ohren an einem Haarreifen befestigen, ggf. noch einen Schwanz mit Sicherheitsnadel anbringen …

**Löwe:** Wollfäden oder Plüschstoff an einem Gummiband anbringen, Schwanz wie bei der Maus.

**Vogel:** Flügel aus Pappe basteln und mit einem Gummiband an den Armen befestigen, eine Mütze (oder Badekappe o.Ä.) mit Federn bekleben.

**Spinne:** Für die acht Beine zusätzlich noch Handschuhe mit Sicherheitsnadeln anstecken, ein Pappkreuz ausschneiden und mit Teppichklebeband am Rücken befestigen.

**Schnecke:** Aus Pappe zwei Kreise und einen langen Streifen (ca. 70 cm) ausschneiden. Zusammenkleben wie bei einer Laterne. Anschließend zwei Gummibänder anbringen, durch die die Arme gesteckt werden können. Ggf. noch Fühler an einem Stirnreif aus Pappe festkleben.

**Fisch:** Bei einem großen, blauen Müllsack Öffnungen für Arme und Kopf einschneiden, diesen hinten zusammenraffen und daran eine große Schwanzflosse anbringen.

**Igel:** Ein Stück Pappe (etwa in der Breite des Kinderrückens) dient als Unterlage für die Pappstacheln. Diese Stacheln ausschneiden und aufkleben.

# Karneval bei den Tieren!

(2/4)

**Darsteller:**

| | | | |
|---|---|---|---|
| Elefant | ______________ | Löwe | ______________ |
| Maus | ______________ | Igel | ______________ |
| Fisch | ______________ | Spinne | ______________ |
| Schnecke | ______________ | Vogel | ______________ |

**Bühnenbild:**

Bei diesem Stück ist eigentlich kein Bühnenbild notwendig, es werden nur ein paar Stühle in einem Halbkreis aufgestellt. Für den Schluss können evt. noch Luftschlangen oder Luftballons eingesetzt werden.

**Das wird benötigt:**

- ☐ Kostüme (siehe Anleitung auf S. 43)
- ☐ Luftschlangen
- ☐ 8 Stühle

**Zeit:** 5–8 Minuten

# Karneval bei den Tieren!

*Alle Tiere sitzen im Halbkreis auf der Bühne und schauen gelangweilt in die Runde …*

**Elefant:** Immer das Gleiche, Tag für Tag …
**Maus:** Wie kommt es nur, dass man manchmal gar nichts mag?

*Alle Tiere grübeln, kratzen sich an der Stirn.*

**Spinne:** Wie wäre es, wenn wir zusammen singen.
**Löwe:** Oh nein, das würde doch nur furchtbar klingen!
**Igel:** Wir könnten ein Wettrennen machen.
**Schnecke:** Na, da hab ich ja dann nichts zu lachen!

*Alle Tiere schweigen wieder und grübeln …*

**Vogel:** Jeden Tag bin ich immer nur ich, ich möchte gerne mal anders sein!
**Fisch:** Hm, vielleicht fällt uns dazu etwas ein …
Ich bin jetzt mal ganz unverfroren und klau dir deine großen Ohren! *(nimmt der Maus die Ohren ab und setzt sie sich selber auf … Die Maus guckt ganz überrascht, der Elefant kichert)*
**Maus:** Jetzt ist an mir ja gar nichts mehr dran!
Und daher … kleb ich mir deinen Rüssel an.
*(nimmt dem Elefanten den Rüssel ab und hängt ihn sich selber um)*

*Langsam schauen alle Tiere ganz interessiert.*

**Elefant:** Hm … *(schaut sich suchend um, bleibt bei der Spinne hängen und strahlt)* Würdest du dich bitte bücken, ich hätte gerne das Kreuz von deinem Rücken! *(nimmt sich das Kreuz von der Spinne, die anderen Tiere applaudieren)*

# Karneval bei den Tieren!

(4/4)

**Spinne:** Und die Federn auf deinem Kopf, die find ich gut. *(setzt sich die Kopffedern des Vogels auf, stellt sich vor die anderen Tiere)* Na, wie steht mir mein neuer Hut?

**Alle:** GUUUUUUUT! *(Applaus)*

**Vogel:** Tja, wer hat denn etwas Neues für mich? *(schaut zum Löwen)* Oh, um deine Mähne beneide ich dich! *(nimmt dem Löwen die Mähne ab und legt sie selber an, posiert dann vor den anderen)* Und, wie findet ihr mich mit Fell?

**Alle:** SENSATIONELL!!!

**Löwe:** *(blickt zur Schnecke)* Dafür komme ich jetzt ganz groß raus, *(nimmt der Schnecke das Haus ab und setzt es sich selber auf)* denn ich bin nun ein Löwe mit Schneckenhaus! Ist das nicht toll?

**Alle:** WUNDERVOLL!!!

**Schnecke:** So nackt schäme ich mich schon sehr *(blickt zum Igel)*. Gib mir mal deine Stacheln her *(nimmt dem Igel die Stacheln ab, posiert vor den anderen Tieren)*. Und, was sagt ihr dazu?

**Alle:** JUCHHU!!!!!

**Igel:** *(blickt zu dem Fisch)* Da bleibst wohl nur noch du, Genosse. Also, reich mir bitte deine Flosse! *(hängt sich die Schwanzflosse vom Fisch an)*

*Alle Tiere schauen sich begeistert an …*

**Fisch:** Endlich haben wir etwas zu lachen.

**Maus:** Das sollten wir wirklich öfter machen.

**Spinne:** Auf jeden Fall!

**Löwe:** Ab jetzt feiern auch wir Tiere …

*Alle (zum Publikum) KARNEVAL! (An dieser Stelle können die Tiere auch noch Luftschlangen ins Publikum pusten …)*

© Verlag an der Ruhr | Postfach 10 22 51 | 45422 Mülheim an der Ruhr | www.verlagruhr.de | ISBN 978-3-8346-0248-0

# Das perfekte Interview

(1/6)

## Darum geht es:

Leopold Luftschlängel und sein Kameramann sind auf der Jagd nach dem perfekten Karnevalsinterview. Doch das ist gar nicht so einfach, denn zu Karneval läuft eben nichts so wie gewohnt! Zunächst werden sie von einer wild feiernden Gruppe einfach überrannt, dann beleidigen sie aus Versehen einen wütenden Polizisten, und schließlich geraten sie auf eine Gruselparty – bei der aber dann echte Gruselgestalten anwesend sind!
Die beiden stellen fest: Karneval ist keine gute Zeit für ein perfektes Interview … und gehen, wie es sich gehört, nun auch lieber feiern!

## Bühnenbild:

Ein aufwändiges Bühnenbild ist nicht nötig. Reporter und Kameramann verlassen immer kurzzeitig die Bühne, wenn sie auf dem Weg zu einem neuen Interview-Ort sind. Hierbei können sie durchaus auch durch das Publikum gehen. In dieser Zeit wechseln die anderen Darsteller auf die Bühne.

Der Reporter benötigt ein Mikrofon, der Kameramann eine Kamera, die ganz einfach aus einem Schuhkarton (an die Vorderseite eine Toilettenrolle kleben) hergestellt werden kann.

## Kostüme:

Der Reporter sollte einen Anzug mit Krawatte o. Ä. tragen, der Kameramann trägt ganz normale Kleidung, ggf. eine Baseballkappe, die Kinder nutzen ihre Karnevalskostüme. Auf jeden Fall muss ein Polizist mitspielen, ein oder mehrere Vampire, Hexen oder andere Gruselgestalten.

© Verlag an der Ruhr | Postfach 10 22 51 | 45422 Mülheim an der Ruhr | www.verlagruhr.de | ISBN 978-3-8346-0248-0

# Das perfekte Interview

**Darsteller:**

Leopold Luftschlängel (Reporter) ______________________

Johnny (Kameramann) ______________________

Polizist ______________________

Vampir 1 ______________________

Vampir 2 ______________________

Kind 1 ______________________

Kind 2 ______________________

Kind 3 ______________________

Kind 4 ______________________

Cowboy ______________________

Gruselgestalten ______________________

______________________

______________________

______________________

## Das wird benötigt:

- [ ] 1 Mikrofon
- [ ] 1 Kamera (z.B. aus einem Schuhkarton)
- [ ] 1 Karteikarte (hier könnte als Hilfe auch der zu sprechende Text draufstehen)
- [ ] 1 Anzug mit Krawatte (Kostüm Reporter)
- [ ] 11 Karnevalskostüme:
  - ◯ Vampir (2)
  - ◯ Polizist (1)
  - ◯ Cowboy (1)
  - ◯ Gruselgestalten (3)
  - ◯ beliebig (4)

**Zeit:**
5–10 Minuten

# Das perfekte Interview

*Der Kameramann und Leopold Luftschlängel stehen vor dem Publikum.*

**Leopold:** Okay, Johnny. Ich, Leopold Luftschlängel, habe dem Chef ein perfektes Interview zu Karneval versprochen! Wohin gehen wir als Erstes?

**Kameramann:** *(schaut auf eine Karteikarte)* In der Paukengasse soll eine tolle Feier sein!

*Leopold und der Kameramann gehen von der Bühne, kehren dann wieder zurück*

**Kameramann:** Das soll eine Feier sein? Hier ist absolut tote Hose!

**Leopold:** Das war wohl eine falsche Information: Keine Feier zu Karneval, absolute Langeweile …

*In diesem Moment taucht eine Polonäse mit vielen verkleideten Kindern auf. Alle singen und grölen laut durcheinander. Niemand sieht den Reporter und den Kameramann.*

**Leopold:** … kein Spaß, keine gute Laune, keine …

*Kameramann und Leopold werden nun von der Polonäse „überrannt“ und verschwinden sozusagen hinter dieser. Die Polonäse verlässt die Bühne. Leopold und Johnny rappeln sich wieder auf, sehen dabei schon etwas mitgenommen aus: Krawatte hängt schief, Haare sind zerzaust …*

**Leopold:** Meine Güte, das war keine Feier! Das war eine wilde Horde! Von denen kriegen wir kein perfektes Interview!

**Kameramann:** Ich glaube, drei Häuser weiter steigt eine Party, vielleicht sollten wir es da mal versuchen!

*Die beiden verlassen wieder die Bühne. Auf der Bühne stellen sich nun einige verkleidete Kinder auf und unterhalten sich angeregt.*

# Das perfekte Interview

(4/6)

**Leopold:** Ah, na das sieht doch viel eher nach einem perfekten Interview aus!

*Beide betreten die Party.*

**Leopold:** (zu einem Cowboy o.Ä.)Ah, ein …?
**Cowboy:** Cowboy!
**Leopold:** Tolles Kostüm …, aber nicht das richtige für mein perfektes Interview!

*Er sucht sich nun verschiedene Kinder heraus.*
*Gespräch wie oben.*
*Schließlich sieht er einen Polizisten.*

**Leopold:** Johnny, das ist es – mein perfektes Interview! Komm mit! *(zum Polizisten)* Dieses Kostüm ist der absolute Wahnsinn! Woher hast du das nur?
**Polizist:** Von der Polizei natürlich!
**Leopold:** Toll! Und dieser strenge Blick! Wie kriegst du den denn hin?
**Polizist:** Das ist immer so!
**Leopold:** Ah, ein ganz ernstes Kerlchen, was? Besonders gut gefällt mir der dicke Bauch! Bestimmt mit Kissen ausgestopft, oder? *(piekst ihn in den Bauch)*

*Der Polizist schaut langsam immer wütender.*

**Leopold:** Und dieser lustige Schnauzbart *(zupft an dem Schnurrbart)* – so stellt man sich wirklich einen richtig dämlichen Polizisten vor! Warum hast du dir dieses verrückte Kostüm ausgesucht?
**Polizist:** *(kann sich kaum noch beherrschen)* Weil ich diese Sachen immer trage, wenn ich arbeite!!! Ich bin nur hier, weil jemand draußen ein kaputtes Licht an seinem Fahrrad hat! Und vielleicht bin ich auch hier … *(brüllt)* UM UNVERSCHÄMTE REPORTER WEGEN BELEIDIGUNG ZU VERHAFTEN! *(stürzt hinter Leopold und Johnny her, die hektisch und kreischend von der Bühne flüchten)*
**Leopold:** *(mit noch zerzausteren Haaren …)* Verflixt! Ich hätte nicht gedacht, dass die Jagd nach dem perfekten Interview so gefährlich sein kann!

# Das perfekte Interview

(5/6)

**Kameramann:** Wir sollten noch einen Versuch starten: Aller guten Dinge sind drei, das weißt du doch!

**Leopold:** Du hast ja Recht! Machen wir uns auf zu …
*(schaut auf seiner Karteikarte nach)* … einer Gruselparty!
Da kriegen wir bestimmt unser perfektes Interview!

*Die beiden verlassen wieder die Bühne. Auf der Bühne stellen sich nun verkleidete Gruselgestalten auf, darunter mindestens ein oder zwei Vampire.*

**Kameramann:** Puh, ganz schön finster hier! Glaubst du, dass wir hier richtig sind?

**Leopold:** Klar, die Party kann nur in der alten Burg sein – das passt doch zu dem Gruselmotto *(bleiben vor der Bühne stehen)*
Siehst du? Ich wusste es doch!

**Kameramann:** Mensch, ich krieg eine Gänsehaut – die sehen wirklich gruselig aus!

**Leopold:** Genau das Richtige für mein perfektes Interview!

*Beide betreten die Bühne und stellen sich mitten zwischen die Gruselgestalten.*
*Diese schauen ein wenig verwirrt, aber neugierig.*

**Leopold:** *(strahlt)* Guten Abend allerseits! Ich bin auf der Jagd nach dem perfekten Interview, und mir scheint diese Party genau der richtige Ort zu sein!

**Vampir 1:** Party? Was für eine Party? *(geht langsam auf Leopold zu)*

**Leopold:** *(strahlt immer noch)* Eine Karnevalsparty! Mit lustigen Kostümen …

**Vampir 2:** Hier gibt es keine Party! *(legt den Arm um Leopold und zeigt seine Vampirzähne)* Aber wir freuen uns immer über unerwartete Gäste!

**Leopold:** *(verunsichert)* Was meinen Sie? Ich verstehe nicht …

*Er schaut sich um, während sich alle Gruselgestalten ihm und dem Kameramann nähern. Die beiden schauen sich an, werfen Kamera und Mikrofon weg und flüchten schreiend von der Bühne. Die Gruselgestalten verlassen nun die Bühne, und die beiden kehren zurück.*

# Das perfekte Interview

**Kameramann:** Das war wohl nichts mit dem perfekten Interview!

**Leopold:** Pah, ein perfektes Interview zu Karneval?! Eine blöde Idee! Diese besonderen Tage sind wirklich zu verrückt für ein perfektes Interview! Komm, wir gehen jetzt auch feiern!

*Arm in Arm verlassen die beiden die Bühne.*

# Keine Feier ohne Eier

## Darum geht es:

Der kleine Osterhase darf zum ersten Mal die Eier verstecken. Dabei sind natürlich viele Dinge zu bedenken, denn die Eier müssen schließlich pünktlich versteckt sein. Sicher hat der kleine Hase sich gut vorbereitet und macht sich nun auf den Weg, um alle Dinge zu organisieren: Er denkt an schnelle Turnschuhe, Pinsel, Farben, einen Korb, einen Plan für die Verstecke … nur eins hat er leider vergessen: die Eier! Dank einiger hilfsbereiter Hühner muss das Osterfest dann aber doch nicht ausfallen! Denn natürlich gilt: Keine Feier ohne Eier!

## Kostüme:

Die Hasenohren lassen sich gut aus Pappe ausschneiden und an einem Stirnreif aus Pappe befestigen. Zudem sollten die Hasen braune Kleidung tragen. Der „alte Hase“ könnte auch gut noch eine Brille tragen. Die Hühner tragen weiße Kleidung und basteln sich Flügel aus Pappe, die mit einem Gummiband versehen werden, durch die die Arme gesteckt werden können. Ein roter Kamm aus Pappe kann einfach mit Haarklammern befestigt werden.
Die anderen Mitspieler können einfach ihren Kleiderschrank durchforsten, um sich entsprechend ihrer Rolle zu kleiden – für den Wanderer wäre sicher auch ein Rucksack nicht schlecht.

## Bühnenbild:

Das Stück spielt auf einer Frühlingswiese und kann dementsprechend gestaltet oder aber auch darauf verzichtet werden. Als Zubehör braucht man ein paar Pinsel, einen alten Farbeimer, einen Korb, einen Stadtplan und Turnschuhe, ein paar (Plastik-)Eier.

# Keine Feier ohne Eier

(2/5)

**Darsteller:**

Hüpf, der kleine Osterhase ______

„alter“ Hase ______

Sportler ______

Maler ______

Künstler ______

Wanderer ______

Händler ______

Huhn 1 ______

Huhn 2 ______

Huhn 3 ______

**Das wird benötigt:**

- [ ] einige Pinsel
- [ ] 1 alter Farbeimer
- [ ] 1 Korb
- [ ] 1 Stadtplan
- [ ] Turnschuhe
- [ ] einige (Plastik-)Eier
- [ ] braune Kleidung, Stirnreif mit Hasenohren aus Pappe (Kostüm Hasen)
- [ ] weiße Kleidung, Pappflügel, Pappkamm (Kostüm Hühner)
- [ ] Notizblock

**Zeit:**
5–10 Minuten

# Keine Feier ohne Eier

*Auf einer Wiese spricht der „alte Hase" mit Hüpf, dem kleinen Osterhasen ...*

**Alter Hase:** Hüpf, das ist dein erstes Osterfest. Bist du bereit für diesen großen Test?

**Hüpf:** Natürlich, hier steht alles auf meinem Plan, *(hält einen Notizblock hoch)* sodass gar nichts schiefgehen kann!

*Hüpf macht sich auf den Weg über die Wiese. Dort trifft er den Sportler.*

**Hüpf:** Ostereier versteck ich nicht in Ruhe, leihst du mir deine schnellen Schuhe?

**Sportler:** *(reicht ihm lächelnd ein paar Turnschuhe)* Bisher hast du deine Sache gut gemacht, denn du hast auch an schnelle Schuhe gedacht!

*Hüpf geht weiter und trifft nun den Maler.*

**Hüpf:** Die Kinder wollen alles ganz bunt haben, gibst du mir ein paar von deinen Farben?

**Maler:** *(gibt ihm einen Farbtopf)* Bisher hast du deine Sache gut gemacht, denn du hast auch an bunte Farben gedacht!

*Hüpf läuft als Nächstes zum Künstler.*

**Hüpf:** Ohne Pinsel malt es sich schlecht, gibst du mir einen, wäre dir das recht?

**Künstler:** *(gibt ihm einen Pinsel)* Bisher hast du deine Sache gut gemacht, denn du hast auch an einen Pinsel gedacht!

# Keine Feier ohne Eier

*Hüpf trifft nun den Wanderer.*

**Hüpf:** Ich besuche jedes Kind, zeigst du mir, wo die besten Wege sind?

**Wanderer:** *(gibt ihm einen Plan)* Bisher hast du deine Sache gut gemacht, denn du hast auch an die Wege gedacht!

*Hüpf läuft weiter zum Händler.*

**Hüpf:** Einen Korb brauche ich zum Tragen, danach möchte ich dich fragen!

**Händler:** *(reicht ihm einen Korb)* Bisher hast du deine Sache gut gemacht, denn du hast auch an einen Korb gedacht!

*Hüpf setzt sich in die Mitte der Wiese und stellt alle seine Sachen ab.*

**Hüpf:** So, für das Osterfest bin ich bereit – und für ein Schläfchen bleibt mir auch noch Zeit!

*Hüpf legt sich hin und schläft ein, plötzlich wacht er auf.*

**Hüpf:** Oh, nein, ich hab meine Sache gar nicht gut gemacht, denn an die EIER hab ich nicht gedacht. Was ist denn eine Osterfeier ohne irgendwelche Ostereier?

*Hüpf ist ganz verzweifelt, doch dann tauchen ein paar Hühner auf. Jedes hat einen Korb mit Eiern in der Hand.*

© Verlag an der Ruhr | Postfach 10 22 51 | 45422 Mülheim an der Ruhr | www.verlagruhr.de | ISBN 978-3-8346-0248-0

# Keine Feier ohne Eier



**Huhn 1:** Wir sind deine Freunde und haben für dich mitgedacht.
**Huhn 2:** Die Eier haben wir dir mitgebracht!
**Huhn 3:** Und daher hast du natürlich deine Sache gut gemacht.

*Alle kommen auf die Bühne.*

**Alter Hase:** Und nun helfen wir dir alle mit, dann wird das Osterfest ein echter Hit!

# Oster-Talk! (1/5)

## Darum geht es:

Bei einer Talkshow im Fernsehen geht es dieses Mal um das Thema „Der Osterhase: Fantasie oder Wirklichkeit?“ Natürlich haben einige Leute eine ganz eigene Meinung dazu. Der Detektiv z.B. ist fest davon überzeugt, die Pinsel und Farben des echten Osterhasen gefunden zu haben. Eine Einigung kann aber nicht erzielt werden, denn schließlich kann man an den Osterhasen glauben … oder auch nicht! Die Diskussion (auch im Publikum) wird immer hitziger und schließlich verlassen alle den Saal. Daher sieht auch niemand den Osterhasen, der zum Schluss auf die Bühne hoppelt, um seine Farben und Pinsel zu holen!

## Bühnenbild:

Für das Bühnenbild werden nur ein paar Stühle benötigt, die, ähnlich wie bei den bekannten Talkshows, in einem Halbkreis aufgestellt werden. Als Requisiten werden eine Kamera (aus Pappe herstellen), ein Farbtopf, mehrere Pinsel und ein Korb benötigt. Zusätzlich können „Applausschilder“ gemalt werden.

## Kostüme:

Bei diesem Stück benötigt nur der Osterhase eine Verkleidung (Kostümvorschlag s. „Keine Feier ohne Eier“).

# Oster-Talk!

(2/5)

## Darsteller:

Karl(a) Karnickel (Moderator) ____________________

Osterhase ____________________

„Applausschildhalter“ ____________________

ein kleiner Junge (Tobias) ____________________

ein etwas älteres Mädchen (Sabine) ____________________

Stefan Schnüffler (Detektiv) ____________________

Dr. Dr. Sprung (Hasenforscher) ____________________

Zuschauer 1 ____________________

Zuschauer 2 ____________________

Zuschauer 3 ____________________

Zuschauer 4 ____________________

Zuschauer 5 ____________________

Zuschauer 6 ____________________

Kameramann ____________________

mehrere Gäste, die sich unter das „normale“ Publikum mischen (erste Reihe)

________________________________________

### Das wird benötigt:

- ☐ 1 Pappschild „Applaus“
- ☐ ca. 6 Stühle
- ☐ 1 Kamera (z.B. aus einem Schuhkarton)
- ☐ 1 Farbtopf
- ☐ mehrere Pinsel
- ☐ 1 Korb
- ☐ braune Kleidung, Stirnreif mit Hasenohren aus Pappe (Kostüm Hase)
- ☐ 1 Möhre

**Zeit:** ca. 10 Minuten

*Auf der Bühne stehen einige Stühle im Halbkreis für die erwarteten Gäste. Die Talkshowgäste warten im Hintergrund. Die restlichen Kinder sitzen in der ersten Reihe im Publikum. Nun betritt der Moderator (Karl Karnickel) schwungvoll die Bühne. Alle applaudieren …*

**K. Karnickel:** Vielen Dank! *(nimmt den Applaus entgegen)* Danke! Ich begrüße Sie heute zu einer neuen Ausgabe von „Oster-Talk" – heute mit dem brandheißen Thema „Der Osterhase: Fantasie oder Wirklichkeit". Freuen Sie sich mit mir auf unseren ersten Gast: den 5-jährigen Tobias!!!

*Ein Kind hält das Schild mit dem Wort „Applaus" in die Höhe. Alle applaudieren. Tobias kommt auf die Bühne und setzt sich auf den ersten Stuhl.*

**K. Karnickel:** Tobias, gibt es den Osterhasen oder nicht?

**Tobias:** Das weiß doch wohl jedes Kind, dass es den Osterhasen gibt! Wer soll denn wohl sonst die Eier verstecken?

**K. Karnickel:** Aber gesehen hast du ihn noch nicht?

**Tobias:** Natürlich nicht! Niemand SIEHT den Osterhasen. Aber es gibt ihn trotzdem!

**K. Karnickel:** Hm, dann holen wir doch mal unseren nächsten Gast auf die Bühne, die 9-jährige Sabine.

*Sabine kommt auf die Bühne, bleibt vor dem Publikum stehen …*

**Sabine:** Wer an den Osterhasen glaubt, ist ein Dummkopf *(schaut Tobias an)* oder ein Baby!

**Tobias:** Und du bist eine blöde Kuh!

**K. Karnickel:** Sabine, wieso glaubst du denn nicht an den Osterhasen?

**Sabine:** Weil das totaler Quatsch ist, wo soll der denn wohl wohnen?

**Tobias:** In Hoppelstadt natürlich!

**Sabine:** Hoppelstadt gibt es nicht – genau so wenig wie den Osterhasen!

**Tobias:** Lügnerin!

**K. Karnickel:** Sehen wir, was unser nächster Gast dazu zu sagen hat. Es ist Stefan Schnüffler, ein Privatdetektiv …

*S. Schnüffler kommt herein und stellt sich vor das Publikum.*

# Oster-Talk!

(4/5)

**S. Schnüffler:** Der Osterhase ist echt, und das kann ich auch beweisen!
**K. Karnickel:** Das ist ja interessant. Erzähl doch etwas darüber!
**S. Schnüffler:** Ich verfolge den Osterhasen seit einiger Zeit, und ich habe viele Beweise gesammelt. *(kramt in seiner Tasche und holt triumphierend einen Pinsel heraus, zeigt ihn stolz dem Publikum)* Diesen benutzten Pinsel habe ich gestern, also kurz vor Ostern, gefunden!
**K. Karnickel:** Äh … das ist spannend. *(guckt fragend)*
**S. Schnüffler:** Wer sollte den Pinsel sonst benutzt haben?
**Sabine:** Ein Maler natürlich!
**S. Schnüffler:** Ein Maler???? Dann denkst du wohl auch, dass das hier *(holt einen Farbtopf heraus, hält ihn stolz in die Höhe)* von einem Maler stammt, was?
**Sabine:** Na, klar, warum nicht?
**S. Schnüffler:** Pah, und wie lässt sich dieses Fundstück erklären? *(holt einen Korb hervor)*
**Tobias:** Das sind die Sachen vom Osterhasen!!!!!
**Sabine:** Meine Mama hat auch so einen Korb …
**K. Karnickel:** Oh, wir haben eine Zuschauermeldung …
**Zuschauer 1:** Das sind doch alles keine BEweise, das sind höchstens HINweise. Haben Sie den Osterhasen denn schon einmal gesehen?
**S. Schnüffler:** Äh … das nicht, aber ich habe seine Sachen – und ich werde ihn treffen, wenn er sich diese Sachen zurückholt!
**K. Karnickel:** Tja, ich denke, wir holen unseren nächsten Gast auf die Bühne: Der berühmte Hasenforscher Dr. Dr. Sprung.

*Dr. Dr. Sprung kommt in leicht hoppelndem Gang auf die Bühne, setzt sich auf einen Stuhl und beißt in eine Möhre.*

**Zuschauer 2:** *(ruft aus dem Publikum)* Bist du etwa der Osterhase?
**Sprung:** Natürlich nicht – Osterhasen gibt es nicht!
**K. Karnickel:** Herr Dr. Dr. Sprung, seit Jahren erforschen Sie das Verhalten der Hasen …
**Sprung:** Ganz genau! *(schnüffelt wie ein Hase)* Mein Team und ich gehen seit Ewigkeiten der Frage nach: Gibt es den Osterhasen wirklich? *(wischt sich wie ein Hase mit der Hand über die Nase)*
**K. Karnickel:** Wir sind gespannt …
**Sprung:** Nach jahrelanger und teurer Forschung haben wir herausgefunden:
**Alle Gäste:** Ja????
**Sprung:** Hasen können gar keine Eier legen. *(knabbert stolz an seiner Möhre)*

# Oster-Talk! (5/5)

*Alle Gäste verdrehen genervt die Augen und seufzen.*

**Tobias:** Na toll, das habe ich schon im Kindergarten gelernt!
**K. Karnickel:** Tja, also, das bedeutet …
**Zuschauer 3:** Dass der Osterhase ein Betrüger ist – ich habe es immer geahnt! Er kassiert den Ruhm, und die Hühner machen die ganze Arbeit!
**Zuschauer 4:** Es gibt keinen Osterhasen – *(schaut zu Zuschauer 3)* und auch kein Osterhuhn!!!
**Zuschauer 5:** Natürlich gibt es ihn, du Eierkopf.

*An dieser Stelle beginnt eine Diskussion, alle reden durcheinander. Letztlich verlassen sowohl Zuschauer als auch Gäste kopfschüttelnd das Studio. Der Korb, der Pinsel und die Farbe bleiben jedoch liegen.*

**K. Karnickel:** *(dreht sich noch einmal zur Kamera)* Nun, meine lieben Zuschauer zu Hause: Leider konnten wir die Frage nicht eindeutig klären. Gibt es den Osterhasen oder nicht? Man kann daran glauben … oder auch nicht! *(zum Kameramann)* Okay, du kannst ausschalten!

*K. Karnickel geht hinüber zum Kameramann, beide schauen in Richtung leeres Publikum.*

**K. Karnickel:** Und was glaubst du? Gibt es den Osterhasen?

*In dieser Zeit kommt im Hintergrund der Osterhase hereingehoppelt.*

**Kameramann:** Nee, ich glaub nicht daran!
**K. Karnickel:** Ich auch nicht – ganz sicher nicht!

*Beide gehen in Richtung Ausgang. Der Osterhase hoppelt zu den Sachen auf dem Boden und sammelt Korb, Pinsel und Farbe ein.*

**Osterhase:** *(zum Publikum)* Na prima, da sind ja meine Sachen! Dann muss Ostern dieses Jahr nicht ausfallen. *(blinzelt in Richtung Publikum und hoppelt von der Bühne)*

# Literatur- und Internettipps

## Literatur


*Hannelore Schulte:*
**Komm, wir spielen Märchen.**
**Sechs fertige Theaterstücke für Kinder.**
Verlag an der Ruhr, 2003.
ISBN 978-3-86072-794-2

*Egon Turecek:*
**Auf Englisch Theater spielen.**
**Kurze Kinderstücke fürs erste Lernen.**
Obv & Hpt, 2006.
ISBN 978-3-20905-529-3

*Karin Pfeiffer:*
**21 klasse Schulsketche.**
Stolz, 2006.
ISBN 978-3-89778-264-8

*Sabine Schmitt:*
**Schwarzlicht macht Schule.**
**Die etwas andere Theater-Werkstatt.**
Aol-Verlag, 2003.
ISBN 978-3-89111-071-3

*Wolfgang Schneider; Felicitas Loewe:*
**Theater im Klassenzimmer.**
**Wenn die Schule zur Bühne wird.**
Schneider Verlag, 2006.
ISBN 978-3-83400-046-0

*Stephanie Vortisch:*
**Keine Angst vor dem Theater.**
**Werkstattbuch mit 100 Spielideen und mehr.**
Beltz, 2004.
ISBN 978-3-40722-156-8

*Jane Bull:*
**Kostümparty.**
**50 tolle Ideen für Verkleidungen.**
Dorling Kindersley, 2007.
ISBN 978-3-83100-972-5

*Lisa Bany-Winters:*
**Theater-Spiel-Training für Kinder.**
**Alles für den großen Auftritt.**
Verlag an der Ruhr, 2000.
ISBN 978-3-86072-565-8

Carolyn Carreiro:
**Stab- und Handpuppen selber machen.**
**Bastelanleitungen und Ministücke für Grundschulkinder.**
Verlag an der Ruhr, 2007.
ISBN 978-3-8346-0260-2


## Internet

**www.zzebra.de**
Unter dem Suchwort „Theater" finden sich zahlreiche Tipps zur Bühnenbildgestaltung, zu Requisiten, zu Musik und Geräuschen und sogar zu echt wirkenden Kämpfen im Theater.

**www.verlagruhr.de**
Die in diesem Werk angegebenen Internetadressen haben wir geprüft (Stand April 2007). Da sich Internetadressen und deren Inhalte schnell verändern können, ist nicht auszuschließen, dass unter einer Adresse inzwischen ein ganz anderer Inhalt angeboten wird. Wir können daher für die angegebenen Internetseiten keine Verantwortung übernehmen.

# Verlag an der Ruhr

**Keiner darf zurückbleiben**

Informationen und Beispielseiten unter
**www.verlagruhr.de**

**30 Mutmach-Geschichten**
-10 J., 99 S., 16 x 23 cm, Pb.
SBN 978-3-8346-0485-9
**Best.-Nr. 60485**
**12,80 € (D)**/13,15 € (A)/23,– CHF

**30 Streitgeschichten**
5-10 J., 97 S., 16 x 23 cm, Pb.
ISBN 978-3-8346-0421-7
**Best.-Nr. 60421**
**12,80 € (D)**/13,15 € (A)/23,– CHF

**30 Geschichten für Geburtstagskinder**
5-10 J., 98 S., 16 x 23 cm, Pb.
ISBN 978-3-8346-0369-2
**Best.-Nr. 60369**
**12,80 € (D)**/13,15 € (A)/23,– CHF

**Relax! Entspannt Lehrer sein**
120 S., 21 x 22 cm, Pb., farbig
ISBN 978-3-8346-0544-3
**Best.-Nr. 60544**
**19,80 € (D)**/20,35 € (A)/34,70 CHF

**Vom Frühstückssong zum Abschiedsgong**
Musikalische Rituale für den Schulalltag
Kl. 1-4, Audio-CD, 16 S. Booklet
ISBN 978-3-8346-0608-2
**Best.-Nr. 60608**
**12,80 € (D)**/13,15 € (A)/23,– CHF

**155 Rituale und Phasenübergänge**
für einen strukturierten Grundschulalltag
Kl. 1-3, 217 S., 16 x 23 cm, Pb.
ISBN 978-3-8346-0480-4
**Best.-Nr. 60480**
**19,– € (D)**/19,50 € (A)/33,30 CHF

**Kinder motivieren in 3 Minuten**
120 Übungen für alle Unterrichtssituationen
6-12 J., 184 S., 16 x 23 cm, Pb.
ISBN 978-3-8346-0418-7
**Best.-Nr. 60418**
**17,80 € (D)**/18,30 € (A)/31,20 CHF

**Vom Morgenkreis zum Abschiedslied**
Themen- und Methodenübergänge ohne Chaos
4-10 J., 119 S., 16 x 23 cm, Pb.
ISBN 978-3-86072-968-7
**Best.-Nr. 2968**
**15,80 € (D)**/16,25 € (A)/27,60 CHF

**111 Ideen für das 1. Schuljahr**
Vom ersten Schultag bis zum letzten Buchstabenfest
Kl. 1, 243 S., 16 x 23 cm, Pb.
ISBN 978-3-8346-0363-0
**Best.-Nr. 60363**
**19,50 € (D)**/20,– € (A)/34,20 CHF

**Der Universal-Kalender für Kita und Grundschule**
3-10 J., 110 Karten, farbig A6, banderoliert
ISBN 978-3-8346-0591-7
**Best.-Nr. 60591**
**19,80 € (D)**/20,35 € (A)/34,70 CHF

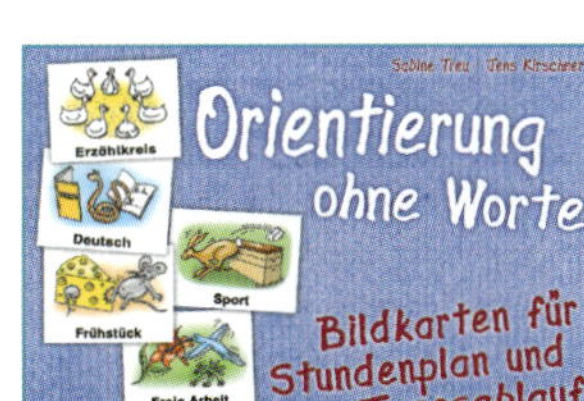


**Bildkarten für Stundenplan und Tagesablauf**
Kl. 1-4, 46 S., A5 quer, 46 Karten, farbig + Begleitheft A5, banderoliert
ISBN 978-3-86072-956-4
**Best.-Nr. 2956**
**17,50 € (D)**/18,– € (A)/30,70 CHF

**Ohne Arbeitsblatt geht's auch!**
Praktische Alternativen zum Arbeitsblatt
Kl. 1-4, 99 S., A4, Pb.
ISBN 978-3-8346-0419-4
**Best.-Nr. 60419**
**19,80 € (D)**/20,35 € (A)/34,70 CHF